आँसू का वज़न

आँसू का वज़न

केदारनाथ सिंह

वाणी प्रकाशन

वाणी प्रकाशन

4695, 21-ए, दरियागंज, नयी दिल्ली 110 002

फ़ोन : +91 11 23273167 फ़ैक्स : +91 11 23275710

शाखाएँ

अशोक राजपथ, पटना 800 004, बिहार

कॉफ़ी हाउस कैम्पस, महात्मा गांधी मार्ग, इलाहाबाद 211 001, उत्तर प्रदेश

महात्मा गांधी अन्तरराष्ट्रीय हिन्दी विश्वविद्यालय, वर्धा 442 001, महाराष्ट्र

www.vaniprakashan.in
marketing@vaniprakashan.in
sales@vaniprakashan.in

AANSOO KA VAZAN
by Kedarnath Singh

ISBN : 978-93-88434-76-8
Poetry

प्रथम संस्करण

मूल्य : ₹ 195

सिटी प्रेस, दिल्ली-110 095 में मुद्रित

वाणी प्रकाशन का लोगो मक़बूल फ़िदा हुसेन की कूची से

अनुक्रम

पूँजी

सारा शहर छान डालने के बाद
मैं इस नतीजे पर पहुँचा
कि इस इतने बड़े शहर में
मेरी सबसे बड़ी पूँजी है
मेरी चलती हुई साँस
मेरी छाती में बन्द मेरी छोटी-सी पूँजी
जिसे रोज़ मैं थोड़ा-थोड़ा
ख़र्च कर देता हूँ

क्यों न ऐसा हो
कि एक दिन उठूँ
और वह जो भूरा-भूरा-सा एक जनबैंक है–
इस शहर के आख़िरी छोर पर–
वहाँ जमा कर आऊँ

सोचता हूँ
वहाँ से जो मिलेगा ब्याज
उस पर जी लूँगा ठाट से
कई-कई जीवन

नये शहर में बरगद

जैसे मुझे जानता हो बरसों से
देखो, उस दढ़ियल बरगद को देखो
मुझे देखा
तो कैसा लपका चला आ रहा है
मेरी तरफ़

पर अफ़सोस
कि चाय के लिए
मैं उसे घर नहीं ले जा सकता

पाँच पिल्ले

कुतिया ने जने पाँच पिल्ले
पाँचों स्वस्थ-सुन्दर
नरम
झबरे
गदबदे पिल्ले

अब सूरज की ओर मुँह किये
पाँचों खड़े हैं
कूँ-कूँ करते
चकित-हैरान
मानो पूछ रहे हों
कि लो, हम आ तो गये
अब क्या करें
इस दुनिया का?

फलों में स्वाद की तरह

जैसे आकाश में तारे
जल में जलकुम्भी
हवा में ऑक्सीजन

पृथ्वी पर उसी तरह
मैं
तुम
हवा
मृत्यु
सरसों के फूल

जैसे दियासलाई में काठी
घर में दरवाज़े
पीठ में फोड़ा
फलों में स्वाद

उसी तरह...
उसी तरह...

मातृभाषा

जैसे चींटियाँ लौटती हैं
बिलों में
कठफोड़वा लौटता है
काठ के पास
वायुयान लौटते हैं एक के बाद एक
लाल आसमान में डैने पसारे हुए
हवाई अड्डे की ओर

ओ मेरी भाषा
मैं लौटता हूँ तुम में
जब चुप रहते-रहते
अकड़ जाती मेरी जीभ
दुखने लगती है
मेरी आत्मा

कालजयी

कहना चाहता था
बहुत पहले
पर अब जबकि कलम मेरे हाथ में है
कह दूँ—
कि जो लिखकर फाड़ दी जाती हैं
कालजयी होती हैं
वही कवितायें

आँकुसपुर

आँकुसपुर
रुकी नहीं ट्रेन
हमेशा की तरह धड़धड़ाती हुई आयी
और चली गयी छोड़कर आँकुसपुर

सिर्फ़ दसबजिया यहाँ रुकती है
कहा एक यात्री ने
दूसरे यात्री से।

क्यों?
आख़िर क्यों?
फिर पृथ्वी पर क्यों है आँकुसपुर–
जब रहा नहीं गया
तो तार पर बैठी एक चिड़िया ने पूछा
दूसरी चिड़िया से।

एक कालजयी कृति-सी

उसे चलने में
अब कष्ट होता है
चलती है तो सूज-सूज जाती हैं

उसकी दोनों पिण्डलियाँ
हाय, मैं क्या करूँ क्या करूँ

कि वह नन्ही-सी बुढ़िया
एक कालजयी कृति-सी
वहीं
उसी खम्भे से पीठ टिकाये हुए
उसी तरह बैठी रहे
अनन्त काल तक

दुख-1

दुख!
वह तो है
वह तो है ही
पिछली रात वही
ठाँय-ठाँय
बजता रहा मेरे सीने में
अगली सुबह उसी को
एक आदमी के
भव्य ललाट पर
चमकते हुए देखा
वह तो है
वह तो है ही

शिकायत क्या करूँ?

दुख-2

दुख का कोई पहाड़ नहीं होता
कोई समुद्र नहीं होता दुख का
सिर्फ़ हाथ होते हैं
छोटे-छोटे
जो दिनभर रस्सी की तरह
बुनते रहते हैं दुख को

इस तरह छोटे-छोटे दुखों की
एक महान चारपाई
न जाने कब से बुनी जा रही है
मेरे शहर में
और तुम्हारे शहर में

जब शाम होती है
तो बुनते-बुनते थक जाते हैं हाथ
और फिर सो जाते हैं
उसी अछोर-अनन्त चारपाई पर
जो आज तक
बुनी नहीं गयी

बनता हुआ घर

मैं देख रहा हूँ
वह कब से रखे जा रहा है
ईंट पर ईंट
लोहे पर लोहा
इन्द्रधनुष पर
इन्द्रधनुष

और भई वाह,
कैसा जादू है
कि ईंट धीरे-धीरे
बड़ी होती जा रही है
धीरे-धीरे ईंट से भी
छोटा होता जा रहा है
वह!

एक पारिवारिक प्रश्न

छोटे-से आँगन में
माँ ने लगाये हैं
तुलसी के बिरवे दो;
पिता ने उगाया है
बरगद छतनार!
मैं अपना नन्हा गुलाब
कहाँ रोप दूँ!
मुट्ठी में प्रश्न लिये
दौड़ रहा हूँ वन-वन,
पर्वत-पर्वत,
रेती-रेती
बेकार...!

एक मुकुट की तरह

पृथ्वी के ललाट पर
एक मुकुट की तरह
उड़े जा रहे थे पक्षी

मैंने दूर से देखा
और मैं वहीं से चिल्लाया
बधाई हो
पृथ्वी, बधाई हो!

उठो कि आज हुआ फिर दंगा

उठो कि आज हुआ फिर दंगा
[illegible] पर खून [illegible] है रंगा
देखो धूप हो गयी ठंडी
तुम्हें बुलाती ~~सब्ज़ी मंडी~~
सुनो कि क्या कहती है चिड़िया
[illegible] ~~[illegible]~~ [illegible] है 'चिड़िया',
रोई कहीं [illegible] [illegible] [illegible]
[illegible] हो [illegible] [illegible]
[illegible] आज [illegible] हैं [illegible]
[illegible] [illegible] अपने दिल में
बिना हवा के [illegible] की [illegible]
चली जा रही — [illegible] हैं [illegible]
[illegible] हो [illegible] — [illegible]
[illegible] [illegible] की [illegible] बात [illegible] सुन लो
दुनिया की है आज [illegible]
[illegible] [illegible] [illegible] [illegible]

= 'चिड़िया' — [illegible] [illegible]
[illegible] [illegible] [illegible] [illegible] [illegible]
[illegible] [illegible] [illegible] [illegible]
[illegible] [illegible] [illegible]

एक दिन भक् से

एक दिन भक् से
मूँगा मोती
हल्दी प्याज
कबीर निराला
स्वर्ग नरक
झींगुर कुहासा
सभी के आशय स्पष्ट हो जायेंगे

जैसे धूप
खपरैलों पर
जाते-जाते यकायक
स्पष्ट हो जाती है

लयभंग

जब सुबह-सुबह सूरज
जलाता है अपना स्टोव
और आदमी अपनी बीड़ी
तो कितना अजब है कि दोनों को
यह पता नहीं होता
कि असल में यह एक बेचैन-सी कोशिश है
उस संवाद को फिर से शुरू करने की
जो एक शाम चलते-चलते
सदियों पहले कहीं बीच रस्ते में
टूट गया था।

कुछ टुकड़े

(1)

जिससे मिलने गया था
उससे मिलकर जब बाहर आया
सोचा, यह जो विराट इमारत है
ब्रह्माण्ड की
क्यों न हिला दूँ
इसकी कोई ईंट
इस अद्‌भुत विचार से रोमांचित
अभी मैं खड़ा ही था
कि ठीक मेरे सामने
एक छोटा पत्ता टूटकर गिरा
और मैंने देखा ब्रह्माण्ड
हिल रहा है।

(2)

उस बूढ़े भिखारी को
आज भी देखा
पर आज उस पर दया नहीं आयी
दया आयी तो ख़ुद पर

कि देखो न इस गावदी को
कि बीसवीं शताब्दी के
इस अन्तिम दशक में भी
एक भिखारी पर दया करने की
हिमाक़त करता है।

(3)

और यह तो आप जानते ही होंगे
पर मेरा दुर्भाग्य कि मैंने इतनी देर से
और बस अभी-अभी जाना
कि मेरे समय के सबसे महान चित्र
पिकासो ने नहीं
मेरी गली के एक बूढ़े रँगरेज़ ने
बनाये थे।

मध्यवर्गीय साखी

सुबह हुई
और उसने सोचा
दुनिया बदलने से पहले
मुझे बदल डालनी चाहिए अपनी चादर
जो कि मैली हो गयी है

पृथ्वी रहेगी

मुझे विश्वास है
यह पृथ्वी
यदि और कहीं नहीं तो मेरी हड्डियों में
यह रहेगी जैसे पेड़ के तने में
रहते हैं दीमक
जैसे दाने में रह लेता है घुन
यह रहेगी प्रलय के बाद भी मेरे अन्दर
यदि और कहीं नहीं तो मेरी ज़बान
और मेरी नश्वरता में
यह रहेगी

और एक सुबह मैं उठूँगा
मैं उठूँगा पृथ्वी-समेत
जल और कच्छप-समेत मैं उठूँगा
मैं उठूँगा और चल दूँगा उससे मिलने
जिससे वादा है
कि मिलूँगा

जनहित का काम

वह एक अद्भुत दृश्य था

मेह बरसकर खुल चुका था
खेत जुतने को तैयार थे
एक टूटा हुआ हल मेंड़ पर पड़ा था
और एक चिड़िया बारबार-बारबार
उसे अपनी चोंच से
उठाने की कोशिश कर रही थी

मैंने देखा
और मैं लौट आया
क्योंकि मुझे लगा, मेरा वहाँ होना
जनहित के उस काम में
दख़ल देना होगा

करोड़ों साल पुरानी

मेरे मित्र असंख्य हैं
और शत्रु कोई नहीं

पर सुनो
मेरे ज्ञात-अज्ञात अरबों-खरबों
ब्रह्माण्ड भर मित्रों
मेरे ब्रह्माण्ड करोड़ों साल पुरानी
एक जर्जर बैलगाड़ी है
जिसकी धुरी को
मरम्मत की ज़रूरत है।

दाने

नहीं
हम मण्डी नहीं जायेंगे
खलिहान से उठते हुए
कहते हैं दाने

जायेंगे तो फिर लौटकर नहीं आयेंगे
जाते-जाते
कहते जाते हैं दाने

अगर आये भी
तो तुम हमें पहचान नहीं पाओगे
अपनी अन्तिम चिट्ठी में
लिख भेजते हैं दाने

इसके बाद महीनों तक
बस्ती में
कोई चिट्ठी नहीं आती

बुद्ध के बारे में सोचना

सर्दियों की एक रात में
बुद्ध के बारे में सोचते हुए
मुझे लगा, यह करुणा नहीं
अपने कम्बल के बारे में सोचना है
बार-बार कम्बल के बाहर निकलते
और मुड़ते हुए अपने घुटनों के बारे में
अपने पहले प्रेम
और हिमपात के बारे में सोचना है
बुद्ध के बारे में सोचना
हिमपात में बुख़ार के बारे में

पृथ्वी पर
पानी के भविष्य के बारे में सोचना है
बुद्ध के बारे में सोचना...

बाज़ार में आदिवासी

भरे बाज़ार में
वह तीर की तरह आया
और सारी चीज़ों पर
एक तेज़ हिकारत की नज़र फेंकता हुआ
बिक्री और ख़रीद के बीच के
पतले सूराख़ से
गेहुँअन की तरह अदृश्य हो गया
एक सुच्चा
खरा
ठनकता हुआ जिस्म

कहते हैं वह ठनक अबूझमाड़ में
रात-बिरात
अक्सर सुनाई पड़ती है

मिला कोई गायक
तो एक दिन पूछूँगा
संगीत की भाषा में
क्या कहते हैं इस ठनक को?

रसूल हमजातोव के साथ

शमशेर के साथ

कुशीनगर

काव्यपाठ करते हुए

मॉस्को, मार्च 1988

बीबीसी लन्दन, 1999

बाल्टीमोर, अमरीका, 1986,
होपकिंस विश्वविद्यालय

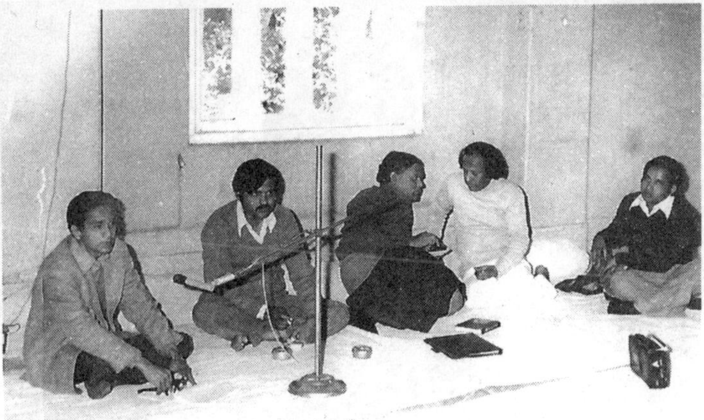

20 जनवरी, 1980

बैलों का संगीत-प्रेम

शहर की ओर जाते हुए
अपनी बीहड़ आज़ादी में
सड़क के किनारे
ठिठक गये थे बैल
बग़ल के खेत में ट्रैक्टर के चलने का
संगीत सुनते हुए

कितना त्रासद था
कितना मुग्धकारी
बैलों का वह संगीत-प्रेम

यह मेरे समय का संगीत है–
मैंने स्वयं से कहा
और ठिठक गया मैं भी।

कृतज्ञ कीचड़

उस कीचड़ के तल में
बस ज़रा-सा जल था
कोई जानवर अभी-अभी गया था
उसे जबड़ों से सुड़ककर
उसके जबड़ों की
गरम-गरम भाप
अब भी टँगी थी हवा में
खुरों के लम्बे निशान गवाह थे
कि कृतज्ञ कीचड़
उस प्यासे को छोड़ने
कुछ दूर तक गया था

दुनिया बचाने के
गुरुतर कार्य में
तुच्छ कीचड़ का यह अपना योगदान था।

एक लोकगीत की अनु-कृति

(जो मैंने मंगल माँझी से सुना था)

आम की सोर पर
मत करना वार
नहीं तो महुआ रातभर
रोयेगा जंगल में

कच्चा बाँस कभी काटना मत
नहीं तो सारी बाँसुरियाँ
हो जायेंगी बेसुरी

कल जो मिला था राह में
हैरान-परेशान
उसकी पूछती हुई आँखें
भूलना मत
नहीं तो साँझ का तारा
भटक जायेगा रास्ता

किसी को प्यार करना
तो चाहे चले जाना सात समुन्दर पार
पर भूलना मत
कि तुम्हारी देह ने एक देह का
नमक खाया है।

दुपहरिया

झरने लगे नीम के पत्ते, बढ़ने लगी उदासी मन की!
उड़ने लगी बुझे खेतों से
झुर-झुर सरसों की रंगीनी,
धूसर धूप हुई, मन पर ज्यों
सुधियों की चादर अनबीनी
दिन के इस सुनसान पहर में रुक-सी गयी प्रगति जीवन की।
साँस रोक कर खड़े हो गये
ठुकराये से शीशम उन्मन,
चिलबिल की नंगी बाँहों में
भरने लगा एक खोयापन,
बड़ी हो गयी कटु कानों को चरमर-ध्वनि बाँसों के वन की।
थककर ठहर गयी दुपहरिया,
रुक कर सहम गयी चौबाई,
आँखों के इस वीराने में—
और चमकने लगी रुखाई,
प्रान, आ गये दर्दीले दिन, बीत गयीं रातें ठिठुरन की!

रास्ता

बगुले उड़े जा रहे थे
नीचे चल रहे थे हम तीन जन
तीन जन शहर से आये हुए
क्वार की तँबियाई धूप में
नहाये हुए तीन जन
चले जा रहे थे फैले कछार में
डूबते हुए दिन की पगडण्डी पकड़कर
तीन जन ख़ुश
एक अजब विश्वास से भरे हुए तीन जन
कि हम जा रहे हैं ठीक
कि ज़रूर-ज़रूर
हम पहुँच ही जायेंगे
बगुलों की तरह अपने ठीक मुकाम पर
दिन डूबने से पहले

हम चले जा रहे थे चुप
किन्हीं बातों में खोये हुए
चले जा रहे थे हम
कि अचानक हमारे पाँव ज़रा ठिठके
कि अचानक हमने पाया–
रास्ता ख़त्म!

अब हमारे सामने
पके हुए ज्वार के
दूर तक फैले सिर्फ़ खेत ही खेत थे
और रास्ता नहीं था
क्या हुआ
किधर गया रास्ता?
हम तीन जन सोचते रहे
खड़े
परेशान
कि हमें दूर दिखाई पड़ा
डूबते हुए सूरज के आसपास
एक बूढ़ा किसान
हम उसके पास गये
पूछा—'दादा, रास्ता किधर है?'

बूढ़ा कुछ नहीं बोला
वह देर तक हमें यों ही देखता रहा
फिर उसने नीचे से
एक ढेला उठाया
और उस तरफ़ फेंका
जिधर झुकी हुई चर रही थी
एक काली-सी गाय

अब गाय चलने लगी
पत्ते बजने लगे
और हमने देखा
जिधर ज्वार की लटकी हुई थैलियों को चीरती
चली जा रही थी गाय

उधर रास्ता था
उधर घास में
धँसे हुए खुर की तरह
चमक रहा था रास्ता

अब दृश्य बिल्कुल साफ़ था
अब हमारे सामने
गाय थी
किसान था
रास्ता था
सिर्फ़ हमीं भूल गये थे
जाना किधर है!

बगुले
हमसे दूर
बहुत दूर निकल गये थे

त्रिलोचन को पढ़ना

त्रिलोचन को पढ़ना
जैसे पके हुए ज्वार के
खेत से गुज़रना
पूछना न जाँचना
चढ़ना
न उतरना
बस भरना...भरना...

वैसे कोई डर ना
पर डरना भाई डरना
गिर न पड़े ऊपर
कहीं कोई झरना!

पानी

मैं घोषित करता हूँ
कि पानी
मेरा धर्म है
आग मेरा वेदान्त
हवा से मैंने दीक्षा ली है
घास-पात मेरे सहपाठी
महुआ मेरा देवता है
मकई मेरा कल्पवृक्ष
गोंयड़ा मेरा तीर्थ है
आगड़नाला मेरी गंगा

इस तरह यह बुद्धिशत्रु
दुनिया के चौराहे पर
खड़ा है नंगा

सृष्टि पर पहरा

जड़ों की डगमग खड़ाऊँ पहने
वह सामने खड़ा था
सिवान का प्रहरी
जैसे मुक्तिबोध का ब्रह्मराक्षस–
एक सूखता हुआ लम्बा झरनाठ वृक्ष
जिसके शीर्ष पर हिल रहे थे
तीन-चार पत्ते

कितना भव्य था
एक सूखते हुए वृक्ष की फुनगी पर
महज़ तीन-चार पत्तों का हिलना

उस विकट सुखाड़ में
सृष्टि पर पहरा दे रहे थे
तीन-चार पत्ते।

विज्ञान और नींद

जब ट्रेन में चढ़ता हूँ
तो विज्ञान को धन्यवाद देता हूँ
वैज्ञानिक को भी

जब उतरता हूँ वायुयान से
तो ढेरों धन्यवाद देता हूँ विज्ञान को
और थोड़ा-सा ईश्वर को भी

पर जब बिस्तर पर जाता हूँ
और रोशनी में नहीं आती नींद
तो बत्ती बुझाता हूँ
और सो जाता हूँ

विज्ञान के अँधेरे में
अच्छी नींद आती है।

गमछा और तौलिया

गमछा और तौलिया
दोनों एक तार पर टँगे
सूख रहे थे साथ-साथ
वे टँगे थे
जैसे दो संस्कृतियाँ
जैसे दो हाथ—बायाँ और दायाँ
झूलते हुए अगल-बगल

तेज़ धूप में
थोड़ी-सी गरमा-गरमी के बाद
मैंने सुना—
तौलिया गमछे से कह रहा था
तू हिन्दी में सूख रहा है
सूख,
मैं अंग्रेज़ी में कुछ देर
झपकी लेता हूँ।

आँसू का वज़न

कितनी लाख चीख़ों
कितने करोड़ विलापों-चीत्कारों के बाद
किसी आँख से टपकी
एक बूँद को नाम मिला—
आँसू

कौन बताएगा
बूँद से आँसू
कितना भारी है।

ईश्वर और प्याज

क्या ईश्वर प्याज खाता है?
एक दिन माँ ने मुझसे पूछा
जब मैं लंच से पहले
प्याज के छिलके उतार रहा था

क्यों नहीं माँ—मैंने कहा
जब दुनिया उसने बनाई
तो गाजर मूली प्याज चुकन्दर—
सब उसी ने बनाया होगा
फिर वह खा क्यों नहीं सकता प्याज?

वो बात नहीं—
हिन्दू प्याज नहीं खाता
धीरे-धीरे कहती है वह

तो क्या ईश्वर हिन्दू है माँ?
हँसते हुए पूछता हूँ मैं?

माँ अवाक् देखती है मुझे

उधर छिल चुकने के बाद
अब पृथ्वी जैसा गोल कत्थई प्याज
मेरी हथेली पर था
और ईश्वर कहीं और हो या न हो
उन आँखों में उस समय ज़रूर कहीं था
मेरे छोटे-से प्याज में
अपना वजूद खोजता हुआ

तीन दोहे

हैं अवाक् सब बोलियाँ, खुले होंठ निस्तब्ध
कवि जी पकड़ो ज़ोर से, उड़े जा रहे शब्द।

कलम छोड़ दो मेज़ पर, काग़ज़ रख दो द्वार
सारी दुनिया जा रही, कवि जी चलो बज़ार।

श्रोता कब के उठ गये, पाठक चले विदेश
कवि जी आओ घर चलें, रैन भई एहि देस।

उदास संगीत

कौए भी उड़ते हुए
सुंदर लगते हैं
राख में भी छिपी रहती है
एक ज़िद्दी आग
एक मछली में भी होती है
एक उदास लालसा
अगर देखी हो भूख पर
पुकार के काँव-काँव में भी
मैंने सुना है जीवन का
उदास संगीत

पर मृत्यु के सौन्दर्य पर
संसार की सर्वोत्तम कविता
अभी लिखी जानी है।

देश और घर

हिन्दी मेरा देश है
भोजपुरी मेरा घर
घर से निकलता हूँ
तो चला जाता हूँ देश में
देश से छुट्टी मिलती है
तो लौट आता हूँ घर

इस आवाजाही में
कई बार घर में चला आता है देश
देश में कई बार
छूट जाता है घर

मैं दोनों को प्यार करता हूँ
और देखिए न मेरी मुश्किल
पिछले साठ बरसों से
दोनों में दोनों को
खोज रहा हूँ।

इराक़-युद्ध में एक घायल बच्चे को टी.वी. पर देखकर

अस्पताल की ओर भागते
एक बदहवास बाप की .ख़ून से लथपथ लम्बी बाँहों में
एक शिशुदेह की बेदम रुलाई
जो इतनी थी बेदम कि बन नहीं सकती थी
चीत्कार!

एक छटपटाता हुआ घुन
गेहूँ के जलते गोदाम में

वह आँख!
हाँ-हाँ वह शिशु-आँख
चेहरे से लटककर हवा में झूलती हुई...

बन्द कर दो टी.वी.
अगर जला न सको उसे
इनकार करता हूँ मैं कि मैं कवि हूँ
और देख रहा हूँ इन्हीं आँखों से
एक शिशु-आँख हवा में झूलती हुई...

नहीं—मुझे सोने नहीं देगी
वह शिशु-आँख—कई रातों तक
रोने नहीं देगी मेरी अपनी ही आँख
जो खो चुकी है फूटकर रोने की क्षमता

दो ज़िद्दी बेचैन बूढ़ी आँखें

वे आज भी उसी तरह खुली हैं

अपनी गली के मोड़ पर
जब भी उन्हें देखता हूँ
श्रद्धा से झुककर निकल जाता हूँ आगे

उन्हें अब भी उम्मीद है
कि एक दिन अचानक
बदल जायेगी दुनिया

जैसे चीनी लोककथा में
एक मरी हुई तितली
सहसा बदल गयी थी
जलती मोमबत्ती में!

दिशा

हिमालय किधर है
मैंने उस बच्चे से पूछा जो स्कूल के बाहर
पतंग उड़ा रहा था

उधर-उधर—उसने कहा
जिधर उसकी पतंग भागी जा रही थी

मैं स्वीकार करूँ
मैंने पहली बार जाना
हिमालय किधर है!

दोपहर

कविता की एक पंक्ति
दब गयी है धूप
और पत्तों की बातचीत में

चढ़ते हुए सूरज
और ढाल से उतरते हुए आदमी के बीच
सिर्फ़ एक पत्ती की दूरी रह गयी है

इस समय सड़क पर
कोई भी किसी का
समकालीन नहीं है।

हाकर

इस शहर में
हर आदमी छिपा रहा है
अपनी प्रेमिका का नाम

सिवा उस हाकर के
जो सड़क पर चिल्ला रहा है
वियतनाम! वियतनाम!

नाम

नाम कमाने की धुन में
जब यहाँ तक आया
तो अचानक पाया
कि हर नाम एक घोंसला है
जिसमें कोई चिड़िया अंडा नहीं देती।

मैं बात करना चाहता था

मैं बात करना चाहता था
पर इतनी ही नहीं मिल रही
क्या कहूँ मुझे [illegible] है
निपट शाइरी।

हाथ

उसका हाथ
अपने हाथ में लेते हुए मैंने सोचा
दुनिया को
हाथ की तरह गरम और सुन्दर होना चाहिए।

नये दिन के साथ

नये दिन के साथ
एक पन्ना खुल गया कोरा
हमारे प्यार का!

सुबह,
इस पर कहीं अपना नाम तो लिख दो।
बहुत से मनहूस पन्नों में
इसे भी कहीं रख दूँगा।

और जब-जब
हवा आकर
उड़ा जायेगी अचानक बन्द पन्नों को;
कहीं भीतर
मोरपंखी की तरह रखे हुए उस नाम को
हर बार पढ़ लूँगा।

ऊँचाई

मैं वहाँ पहुँचा
और डर गया

मेरे शहर के लोगो
यह कितना भयानक है
कि शहर की सारी सीढ़ियाँ मिलकर
जिस महान् ऊँचाई तक जाती हैं
वहाँ कोई नहीं रहता!

जाना

मैं जा रही हूँ—उसने कहा
जाओ—मैंने उत्तर दिया
यह जानते हुए कि जाना
हिन्दी की सबसे ख़ौफ़नाक क्रिया है।

अनागत

इस अनागत को करें क्या
जो कि अक्सर बिना सोचे
बिना जाने
सड़क पर चलते अचानक दीख जाता है,
किताबों में घूमता है,
रात की वीरान गलियों बीच गाता है,
राह के हर मोड़ से होकर गुज़र जाता
दिन ढले—
सूने घरों में लौट आता है,
बाँसुरी को छेड़ता है,
खिड़कियों के बन्द शीशे तोड़ जाता है,
किवाड़ों पर लिखे नामों को मिटा देता—
बिस्तरों पर छाप अपनी छोड़ जाता है!
इस अनागत को करें क्या
जो न आता है,
न जाता है!
आजकल—
ठहरा नहीं जाता कहीं भी,
हर घड़ी, हर वक़्त खटका लगा रहता है,
कौन जाने, कब, कहाँ वह दीख जाये
हर नवागन्तुक उसी की तरह लगता है

फूल–
जैसे अँधेरे में दूर से ही चीखता हो–
इस तरह वह दरपनों में कौंध जाता है,
हाथ उसके–
हाथ में आकर विछल जाते,
स्पर्श उसका–
धमनियों को रौंद जाता है
पंख–
उसकी सुनहली परछाइयों में खो गये हैं,
पाँव–
उसके कोहरे में छटपटाते हैं!
इस अनागत को करें क्या हम–
कि जिसकी सीटियों की ओर
बरबस खिंचे जाते हैं!

❑❑